WHY IT IS LOVE

Für meinen Lieblingsmenschen
Eine ganz besondere Liebeserklärung zum Ausfüllen

Zitatnachweis:

S. 60: Susan Sideropoulos im Gespräch mit Lars und ihrem Mann Jakob in *Where is the Love?*, Kailash 2021, Seite 121.

S. 111: Rudolf Schenker / Lars Amend: *Rock Your Life*, Kailash 2022, Seite 324.

Penguin Random House Verlagsgruppe FSC® N001967

1. Auflage
Originalausgabe
© 2022 Kailash Verlag, München
in der Penguin Random House Verlagsgruppe GmbH
Neumarkter Str. 28, 81673 München
Lektorat: Dr. Diane Zilliges
Satz: Satzwerk Huber, Germering
Umschlaggestaltung und Layout: Daniela Hofner, ki 36 Editorial Design, München
Druck und Bindung: Alföldi, Debrecen
Printed in Hungary
ISBN 978-3-424-63244-6

www.kailash-verlag.de

»Wenn du jemanden liebst,
sag es.
Aber vor allem:
Zeig es!«

Lars

Dieses Buch schenke ich dir

weil

Vorwort

Wann hast du deinem Lieblingsmenschen das letzte Mal aus ganzem Herzen gesagt, dass du ihn liebst? Ich meine, nicht nur mit den üblichen Phrasen oder einem hastig dahin genuschelten »Ich liebe dich«, bevor man ein gemeinsames Telefongespräch beendet oder morgens hektisch die Wohnung verlässt, sondern mit einem Zeichen echter Hingabe?

Dieses Buch, das du gerade in deinen Händen hältst und in den kommenden Tagen und Wochen für deinen Lieblingsmenschen ausfüllen darfst, ist genau so ein Zeichen: eine sichtbar gewordene Erinnerung eurer Liebe.

Die Vorstellung, meine Partnerin würde mir dieses Buch vollgeschrieben zum Geburtstag schenken oder unter den Weihnachtsbaum legen, löst in mir nicht nur am ganzen Körper Gänsehaut aus, ich könnte mir sogar kaum ein schöneres Geschenk vorstellen. Zu wissen, dass sie Abend für Abend in dieses Buch geschrieben hat und somit das Wertvollste überhaupt – ihre Zeit – in mich, in uns und unsere Zukunft investiert hat, nur um mir zu zeigen, wie dankbar sie für unsere Beziehung ist, warum sie mich liebt, was sie an mir schätzt und was sie mir schon immer einmal erzählen wollte, löst erneut Gänsehaut in mir aus. Am Ende geht es in einer Beziehung nämlich genau darum: Wertschätzung, Ehrlichkeit und Verbundenheit.

Als ich Anahita, die mittlerweile auch Mutter unserer kleinen Tochter ist, frisch kennengelernt habe und wir noch in unserer Anfangsphase waren, haben wir ein Spiel gespielt: »Fünf Fragen, um herauszufinden, ob man zueinander passt«:

1. Wie lauten deine kurzfristigen Lebensziele?
2. Was sind deine langfristigen Lebensziele?
3. Wie denkst du über Beziehungen?
4. Was denkst du über mich?
5. Wenn du an mich denkst, was fühlst du dabei?

Anahita ist mit einem Stapel Papier ins Wohnzimmer gegangen, ich habe mich in die Küche gesetzt, und als wir nach einer Weile fertig waren, haben wir uns gegenseitig unsere Antworten vorgelesen. Vor allem aber haben wir noch den ganzen Abend über das geredet, was wir aufgeschrieben hatten.

Erst später begriff ich, wie wichtig dieses Spiel für unsere Beziehung war, denn die Antworten, auch weil sie schriftlich formuliert waren, brachten uns Klarheit.

Du darfst dir unsere »Fünf Fragen« gern ausleihen und ebenfalls gemeinsam mit deinem Lieblingsmenschen beantworten. Wirklich, es lohnt sich. Wenn du neugierig bist, was Anahita und ich geantwortet haben, dann empfehle ich dir von Herzen mein Buch *Where is the Love?*. Ich beschreibe darin ausführlich, offen und ehrlich und ohne auch nur irgendwas zurückzuhalten, wie ich mich auf die Suche nach der Liebe machte und was ich auf dieser magischen Reise über mich, das Leben und meine Beziehungen gelernt habe. Nur so viel: Es hat mir die Augen geöffnet!

Als Autor weiß ich um die Kraft der Worte. Vor allem, wenn man sie mit einem Stift und seiner eigenen Hand auf ein Blatt Papier schreibt. Die Wirkung, die diese Tätigkeit in unserem Gehirn (und Herzen) hinterlässt, ist um ein Vielfaches stärker, als würden wir die gleichen Worte einfach nur in einen Computer oder in unser Smartphone tippen. Was ich aber auch weiß, ist, dass Taten immer wichtiger sind als Worte. Denn wie heißt es so treffend:

»Liebe ist ein Tuwort. Nicht reden, sondern machen!«

Mit diesem Buch kannst du nun beides verbinden. Ich verspreche dir, dass du deinem Lieblingsmenschen damit ein außergewöhnliches Geschenk machst, das er in seinem Leben nie mehr vergessen wird. Aber bitte nicht »schnell, schnell«. Lass dir mit dem Ausfüllen ruhig Zeit. Mach dir einen Tee, denke nach, schwelge in Erinnerungen und tauche mit den Gedanken an deinen Lieblingsmenschen in eine fantastische Welt voller Möglichkeiten ab. Genau darin liegt der wahre Wert dieses Buches.

Oder mach es wie Anahita und ich. Wir füllen beide dieses Buch parallel aus und werden es uns eines Tages gegenseitig überreichen. Schon wieder Gänsehaut. Auf diesen Tag freue ich mich jetzt schon. Und Vorfreude ist bekanntlich die schönste Freude. Es ist die vielleicht sinnvollste Challenge, die zwei Menschen, die sich lieben, eingehen können. Warum? Weil schon das gemeinsame Nachdenken, was man in dieses Buch schreiben könnte, eine magische Verbindung schafft. Das ist das Geheimnis. Teamwork makes the dream work.

In Liebe,
Dein Lars

»Teamwork makes the dream work.«

Bei diesem Satz muss ich an dich denken:

»Jemanden zu haben,
der bedingungslos für dich da ist,
der dich auch dann liebt,
wenn du nicht dazu in der Lage bist,
und dir den Weg zur Sonne zeigt,
wenn graue Gewitterwolken dir die Sicht vernebeln.
Eine beste Freundin (einen besten Freund),
die (der) morgens neben dir aufwacht
und dir aus dem Bett hilft,
wenn dir dazu die Kraft oder die Motivation fehlt –
eben einen echten Partner in Crime,
der dich unter allen Umständen gewinnen sehen will:
One Love, One Dream, One Team!«

Lars

 # Weißt du noch?

So haben wir uns kennengelernt:

Das habe ich gedacht, als ich dich das erste Mal sah:

Das war das Erste, was wir gesagt haben:

Das gefiel mir sofort an dir:

___

___

___

___

In diesem Moment wusste ich, dass wir auf einer Wellenlänge sind:

___

___

___

___

In diesem Moment wusste ich, dass ich dir vertrauen kann:

___

___

___

___

Meine Verliebtheit war ...

- o   wie sie eben so ist: HERRLICHWUNDERVOLL
- o   völlig anders, so wie ich es noch nie erlebt habe. Nämlich:

_____
_____
_____
_____

Wenn ich anderen von dir erzählt habe, habe ich gesagt:

_____
_____
_____
_____
_____
_____

»Liebe, ich gehe
›all in‹, weil mein Leben
endlich ist.«

Anahita

Hier finde ich uns wunderschön:

Aus unserer ersten Zeit ist mir vor allem in Erinnerung geblieben:

HIER PASST EIN TICKET HIN,
EIN FOTO ODER ÄHNLICHES

Und daran denke ich auch total gern:

»Sei Liebe. Nicht für andere.
Nur für dich.
Und alle in deinem Umfeld
werden davon profitieren.
Auch dein Lieblingsmensch,
mit dem dich dieses
Buch verbindet.«

Lars

Anfangs schien mir die Vorstellung, mit dir eine »richtige« Beziehung einzugehen:

Das wandelte sich dann zu:

Unsere schönste Reise war die nach:

Oder nach:

Und hier möchte ich mit dir unbedingt mal hin:

Oh, und hierhin auch:

Das finde ich einfach herrlich an dir:

Ich finde dich unwiderstehlich, wenn du:

In dieser Sache hast du mich total positiv überrascht:

Ich glaube, das kannst nur du:

Wenn ich ein einziges Wort finden müsste, das dich beschreibt, wäre es:

»Liebe ist die stärkste Kraft des Universums. Sie kann alles besiegen, alle Hürden aus dem Weg räumen. Bitte erinnere dich daran, wenn die Zeiten schwierig und deine Zweifel größer werden.«

Lars

Das war einer unserer lustigsten Momente:

_____
_____
_____

Naja, das hier war auch total witzig:

_____
_____
_____

Ich muss dich einfach knuffeln, wenn du:

_____
_____
_____
_____

Es gibt Ziele, die erst in mir wach wurden, seit ich dich kenne:

Dadurch hast du so viele schöne neue Farben in mein Leben gebracht. Vorher habe ich nie:

Durch dich finde ich heute   toll, was ich vorher gar nicht kannte oder ziemlich doof fand.

Das finde ich am schönsten an dir:

- o   deine Augen
- o   deine Lippen
- o   dein Lächeln
- o   deine Haare
- o   deine Ohren
- o   deine Hände
- o   deine Körperhaltung
- o   deine Brüste
- o   deinen Po
- o   deine Erotik
- o   deine Beine
- o   deine Füße
- o   deinen Gang
- o   deine Muskeln
- o   deine Haut
- o   deine Ausstrahlung
- o   _____
- o   _____
- o   _____
- o   _____

Das mag ich am meisten an dir:

- ο wenn du lachst
- ο wenn du tanzt
- ο wenn du mich küsst
- ο wenn du still bist
- ο wenn du sprichst
- ο wenn du schläfst
- ο wenn wir Sex haben
- ο wenn du dich über Ungerechtigkeiten aufregst
- ο wenn du die Welt verändern willst
- ο wenn du herumalberst
- ο wenn du mit mir über Gott und die Welt philosophierst
- ο wenn du ...
- ο
- ο
- ο
- ο
- ο
- ο
- ο
- ο

Wenn ich eine Playlist für dich aufnehmen würde, wären diese Songs auf jeden Fall dabei:

Wenn du ein Tier wärst, wärst du für mich:

Wenn du eine Nascherei wärst, wärst du für mich:

Das war für mich unvergesslich:

HIER IST PLATZ FÜR EIN TICKET, EINE FAHRKARTE,
EIN FOTO ODER EINE ANDERE ERINNERUNG
AN EIN GEMEINSAMES ERLEBNIS ...

»Vielleicht muss man gar nicht immer die gleichen Interessen haben. Vielleicht liegt der Schlüssel einfach nur im Interesse für den anderen? Vielleicht liegt darin die Schönheit einer Beziehung, die Schönheit eines Menschen?«

Lars

Wenn du das machst, kann ich dir stundenlang zuschauen:

Ich kenne niemanden, der so gut:

Du sprühst Funken der Begeisterung, wenn du davon redest:

Dafür hast du mein Interesse geweckt:

Bei diesen Dingen würde ich mir gern eine Scheibe von dir abschneiden:

Ich bin happy, dass du mich in dieser Sache verstehst:

Ich bin dankbar, dass du mich dafür nicht ausgelacht hast:

Ich verliere mich nicht selbst in unserer Beziehung, weil:

Du lässt mir Raum, wenn du:

Hier brauche ich ordentlich Platz ... denn dafür bin ich dir dankbar:

»Dankbarkeit ist der Schlüssel für ein gelungenes Leben. Dankbarkeit, Dankbarkeit, Dankbarkeit!«

Lars

Das finde ich äußerlich schön an dir:

Das finde ich innerlich schön an dir:

Wenn ich dich sehe, denke ich ganz oft:

So bist du einfach unwiderstehlich:

HIER EIN WILDES FOTO VON DEINEM PARTNER / DEINER PARTNERIN – MIT AUGENZWINKERN ...

Seit ich dich kenne, bedeutet Liebe für mich:

Seit ich mit dir zusammen bin, bedeutet Beziehung für mich:

»Den Großteil unseres Lebens
verbringen wir in Gedanken.
Sorge dafür, dass du
diese Schatztruhe in dir
mit dem richtigen Inhalt füllst.
In anderen Worten:
Sammle mit deinem
Lieblingsmenschen mehr
Erinnerungen als Gegenstände.«
Lars

Daran merke ich, dass wir ein Team sind:

Darum würde ich mich immer wieder auf dich einlassen:

Darauf kannst du bei mir vertrauen:

Das bedeutet für mich GLÜCK mit dir:

G
L
Ü
C
K

Das bedeutet für mich LIEBE mit dir:

L
I
E
B
E

Das bedeutet für mich FRIEDEN mit dir:

F
R
I
E
D
E
N

Das stärkst du in mir:

Diese tollen Seiten holst du in mir hervor:

Ich glaube, das war die schönste Erfahrung mit dir gemeinsam:

Und diese hier möchte ich auch nicht missen:

Na, und die auch nicht:

Das mochte ich an dir anfangs nicht so:

Und das habe ich echt an dir lieben gelernt:

Und damit kann ich gerade so leben:

Das habe ich in unserer Beziehung an mir selbst lieben gelernt:

Das, finde ich, machen wir viel besser als am Anfang:

Das ist wunderbar unnormal an dir:

»Man darf sich von
gesellschaftlichen Normen
niemals abschrecken lassen und muss
sich immer wieder daran
erinnern, was wirklich zählt.«
Lars

Wenn ich für dich ein Menü zusammenstellen würde, sähe das so aus:

Und das wäre die Location dafür:

Bei diesen Filmen denke ich an dich:

Bei diesen Büchern denke ich an dich:

»Die Antwort ist Liebe. Wenn du gibst, ohne dabei einen Hintergedanken zu haben, dann kannst du nur gewinnen im Leben. Den Menschen zu dienen – das ist Liebe.«

Lars

Was ich mit dir gemeinsam noch erleben möchte:

Und am liebsten auch das hier:

Und wenn alles, wirklich alles möglich wäre, würde ich gern mit dir:

»Vielleicht sollte auf der Liste mit Neujahrsvorsätzen nur noch ein einziger Satz stehen: ›Ich verschiebe das, was mich glücklich macht, nicht mehr auf morgen!‹«

Lars

Deshalb gehe ich mit dir »all in«:

Das möchte ich nicht mehr aufschieben!

Im Alltag mit dir:

Im Leben mit dir:

Das finde ich so besonders an dir:

Das macht unser Miteinander so wunderbar anders, als ich es bisher in Beziehungen kannte:

Darum kann ich bei dir einfach ich selbst sein:

Du bist für mich:

- der Fels in der Brandung
- der Mensch, der mich zu dem macht, was ich sein will
- mein bestes Korrektiv
- das, was mir immer neu das Herz aufgehen lässt
- mein Sparringspartner in Sachen Leben und Liebe
- ein Geschenk
- der Ruhepol für mich Wirbelwind
- der Wirbelwind für mich Ruhepol
- _____
- _____

Und das möchte ich für dich sein:

_____
_____
_____
_____
_____

In diesen gemeinsamen Erinnerungen schwelge ich total gern

Zärtliche Momente:

_____
_____
_____
_____

Momente voller Wildheit und Verrücktheit:

_____
_____
_____
_____

Momente im Hochgenuss:

_____
_____
_____
_____

Augenblicke echter Weisheit:

Momente voller Witz:

Einfach kostbare Stückchen Leben:

»Je mehr du deinem Partner gönnst,
desto geiler ist dein eigenes Leben.«
Susan Sideropoulos

Bei dem Satz denke ich:

In diesem Moment mit dir habe ich jegliches Zeitgefühl verloren:

In diesen Momenten mit dir fühle ich mich ganz friedlich und ruhig:

Damit bringst du Leichtigkeit in mein Leben:

Das würde ich gern mit dir erleben, wenn wir nur noch 48 Stunden hätten:

Diese »Nebensächlichkeiten«, diese kleinen Dinge des Alltags, genieße ich sehr mit dir:

Über diesen Satz von dir denke ich heute noch nach:

Das sind für mich die schönsten Momente der Geborgenheit und Wärme:

Dabei fühle ich mich zu Hause und vollkommen am richtigen Platz:

Diese Geschenke von dir machen mich glücklich:

- o dein Lachen
- o deine Küsse
- o dass du mich so sein lässt, wie ich bin
- o dass ich mich dir mit allem zeigen kann, mit _____ und mit _____ und mit _____
- o dass du da bist, wenn es mir nicht gut geht
- o dass du mir zuhörst
- o dass du mir so ehrlich von dir erzählst
- o die Reise nach _____
- o _____
- o _____
- o _____
- o _____
- o _____
- o _____
- o _____

»Mein Ziel ist, in einem permanenten Zustand
des inneren Friedens zu leben.
Jede Entscheidung, die ich
auf dem Weg dahin zu treffen habe,
muss diesen Test bestehen:
Hilft sie mir dabei, meinem Ziel
einen Schritt näher zu kommen,
oder entfernt sie mich davon?
Finde eine Tätigkeit, in der du gut bist
und die dir Freude bringt – und dann bleibe dabei.
Diese Freude ist der Schlüssel
zu einem gelungenen Leben.
Wenn du während dieser Reise
einen Menschen triffst, der dich
und deinen Traum versteht und alles
darüber wissen möchte, dann investiere
ebenso viel Zeit und Energie in ihn.
Lass diesen Menschen nicht mehr gehen.
Halte ihn gut fest
(aber nicht so sehr, dass es ihn erdrückt).
Erfolg lässt sich nämlich nur dann wirklich genießen,
wenn du einen Partner an deiner Seite hast,
mit dem du ihn von ganzem Herzen teilen kannst.«

Lars

Hier sieht man, wie gut du mir tust:

Wenn du eine Comic- oder Trickfilmfigur wärst, dann sicher:

_____

Und ich wäre:

_____

Wenn du eine Farbe wärst, dann wärst du für mich:

_____

Und ich wäre:

_____

Wenn du eine Blume wärst, dann wärst du für mich:

_____

Und ich wäre:

_____

Damit hast du mich tief im Herzen berührt:

Mit dieser Aussage hast du das Gefühl für meine eigene Größe in mir wiedererweckt:

Das mag ich an deinem Style:

Das gefällt mir an deiner Art, dich zu bewegen:

Das gefällt mir an deiner Art zu reden:

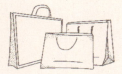

Ich finde, das hat sich an mir zum Besten verändert, seit wir uns kennen:

Ich bin froh, dass uns beiden diese Werte wichtig sind:

Ich bin total froh, dass du _____ und _____ in mein Leben gebracht hast.

»Vergiss nie:
Du willst nicht verändert werden,
also verändere auch andere nicht.
Hinweise sind okay,
aber du magst die Person so,
wie sie ist, und nicht,
wie sie sein sollte.«

Anahita

Das macht mich an unserer Beziehung stolz:

Wenn wir zusammen unterwegs sind und andere uns sehen, dann denke ich:

Und ich fühle mich:

Weißt du noch?
Das möchte ich echt nicht missen:

HIER IST PLATZ FÜR EINE ERINNERUNG –
EINGEKLEBT, GEZEICHNET, HINGESCHRIEBEN

»Wenn du jemanden wirklich mit deinem ganzen Herzen liebst,
dann gibt es einen Satz, den du ab diesem Augenblick
nie mehr gebrauchen wirst: ›Das ist dein Problem!‹«
Lars

Ich bin dir so dankbar, dass du mir in dieser Sache beigestanden hast:

Dabei hast du mir geholfen durchzuhalten:

Dabei hast du mir geholfen, mich positiv zu verändern:

Deshalb bin ich durch dich ein besserer Mensch geworden:

»Es ist okay, sich manchmal verloren zu fühlen. Sieh dich um. Du bist nicht allein.«

Lars

Diese Dinge an mir kannst du besser annehmen als ich selbst (Danke):

Darin wäre ich gern so wie du:

Das ist meine Lieblings-Redewendung von dir:

Darum empfinde ich uns als seelenverwandt:

Darum bist du der Wünscheerfüller, den mir das Leben geschickt hat:

Und wieder so schöne Erinnerungen!

Das war wundervoll romantisch:

_____
_____
_____

Das war herrlich verrückt:

_____
_____
_____

Das war ziemlich weise von dir:

_____
_____
_____

Das war absolut clever von dir:

Und das, naja, unbeschreiblich:

Du hilfst mir, mehr der Mensch zu sein, der ich sein will, weil:

Mit dir fühle ich mich gut, weil ich dann:

Das Leben mit dir ist für mich:

- o eine Mega-Party
- o das größte Abenteuer meines Lebens
- o die Ruheinsel, nach der ich mich immer gesehnt habe
- o Nachhausekommen
- o eine herrliche Challenge
- o das, was endlich Sinn ergibt
- o jeden Tag neu ein Geschenk
- o _____
- o _____

»Nichts zu fordern und genau deshalb alles zu bekommen.
Zu geben und sich dabei selbst als Nehmender,
als Gewinnender zu fühlen. Das ist Liebe.«
Lars

Das war unser heißester Tanz:

_____

_____

Das war unsere coolste gemeinsame Challenge:

_____

_____

Das war das higheste High-Erlebnis mit dir:

_____

_____

Und das die intensivste Tiefe:

_____

_____

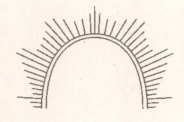

Dieses kleine Ritual mit dir liebe ich:

Darüber kann ich am besten mit dir lachen:

Das war dein bester Gag bisher:

Ich liebe es, wenn du das für mich tust:

- mich zwischendurch mal fragen, wie es mir geht
- mir den Nacken massieren
- mir was vom Bäcker mitbringen, wenn ich nicht so gut drauf bin
- mich mit Konzertkarten überraschen
- mich in Ruhe lassen, wenn ich schräg drauf bin
- mich zum Lachen bringen
-
-
-
-
-
-
-
-
-

Ich liebe es, wenn ich das für dich tun kann:

- dir morgens deinen ersten Espresso ans Bett bringen
- dir zuhören, wenn du Sorgen hast
- dir nach einem langen Tag die Füße massieren
- dich mit einem Wellnesstag überraschen
- dir ein Herz verstecken, wo du es finden wirst
-
-
-
-
-
-
-
-
-
-
-

Wenn ich dich nicht kennen und irgendwo treffen würde, ...

... würde ich dir dieses Kompliment machen:

... würde ich diese heiße Fantasie mit dir nicht mehr aus dem Kopf kriegen:

... würde ich denken, dass dein Leben so aussehen würde:

... würde ich deinen Charakter so einschätzen:

... würde ich denken, du bist so:

Und so würde ich dich gern ansprechen:

Das liebe ich an unseren gemeinsamen Sonntagen:

Das liebe ich an unseren Urlauben:

Wenn wir uns wiedersehen, fühle ich:

Das mag ich an der Art, wie wir zusammen Herausforderungen meistern:

Das mag ich an der Art, wie wir streiten und Konflikte angehen:

»Vier Worte, die eine Beziehung
komplett verändern können:
›Wie meinst du das?‹«
Lars

Wenn wir Figuren aus einem Film wären, dann wohl:

_____

_____

Damit hast du mir im besten Sinne des Wortes einen Denkzettel verpasst, einen Anstoß zum Wachwerden:

Ich bin dankbar, dass du meine Unterstützung hierbei annehmen konntest:

Über diese kleinen Hilfen freue ich mich immer sehr:

Das haben wir zusammen bestens gemeistert:

Diese Qualitäten von dir habe ich dabei sehr geschätzt:

Damit hast du mir geholfen, meinen Kompass zu reparieren:

Ich ziehe wirklich den Hut vor dir, weil du:

In der Sache fand ich dich super mutig:

Und hier habe ich bewundert, wie einfühlsam du warst:

Darauf kannst du stolz sein:

Das hilft mir in Momenten, wenn ich dich mal nicht so leiden kann, weil wir Streit haben oder voller Kritik sind:

Deswegen lohnt es sich, für unsere Liebe zu kämpfen:

»Die drei Eckpfeiler einer funktionierenden Beziehung lauten: Dankbarkeit, Kommunikation und gemeinsames Wachstum!«

Lars

Das sind meine Ziele in diesem Leben mit dir:

Das ist mir besonders wichtig:

Dort möchte ich ankommen:

Und das möchte ich auf dem Weg loslassen:

Diese für mich sehr wertvollen Gedanken sind erst in meinem Kopf, seit wir uns kennen:

Wenn ich mal einen Verwöhntag für dich gestalten würde, würde das hier dazugehören:

102 Bei diesen Dingen fühle ich mich von dir verwöhnt:

Das haben wir gemeinsam:

Und da sind wir völlig unterschiedlich:

Du sollst wissen, dass mir das leidtut:

Darum glaube ich an uns:

»Liebe,
Demut,
Dankbarkeit.«
Lars

In diesem Moment mit dir spürte ich zum ersten Mal so etwas wie ein Ankommen. Ein Nach-Hause-Kommen:

Daran merke ich, dass wir eine super Mischung aus Verbundenheit und Eigenständigkeit hinbekommen:

Dadurch motivierst du mich, immer weiterzugehen:

Diese alten Gewohnheiten konnte ich durch dich aufgeben:

Ich fühle mich von dir so wunderbar gesehen, wenn du:

Ehrlich, das macht dich für mich einzigartig:

_____
_____
_____

Durch dich fühle ich mich so ganz grundsätzlich im Leben:

_____

Durch dich habe ich gelernt:

_____
_____

_____
_____
_____

Wenn Zeit und Geld keine Rolle spielen würden, würde ich dir gern schenken:

Wenn wirklich alles möglich wäre, wie im wildesten Science-Fiction-Film, dann würde ich für dich:

Diese kleinen Gesten im Alltag schätze ich sehr:

Das hat vor dir noch nie jemand für mich gemacht (und ich liebe es!):

»Ist die Beziehung zweier Menschen
ehrlich gemeint und so strukturiert,
dass die Liebe im Mittelpunkt steht
und jegliches Verhalten darauf basiert,
dem anderen nicht zu schaden,
wird man unheimlich schnell
zu einem geistigen Wachstum kommen,
das auf eine andere Weise kaum zu erreichen ist.
Und es hört niemals auf.
Es ist ein gemeinsamer, nie enden wollender
Abenteuerurlaub ins Glück.«
Rudolf Schenker

Das habe ich dir noch nie über mich erzählt:

Und das habe ich überhaupt noch nie jemandem erzählt:

Und wenn du noch mehr von meinen kleinen Geheimnissen wissen willst:

Damit machst du die Welt zu einem besseren Ort:

Hier habe ich bewundert, wie positiv du bist:

Hier habe ich bewundert, wie cool du geblieben bist:

Darum teile ich mein Leben gern mit dir:

Das macht unser Zusammensein so besonders für mich:

Das hätte ich mir niemals träumen lassen:

Das gefällt mir an der Art, wie du arbeitest:

Das gefällt mir an deiner Art, mit Menschen umzugehen:

Das schätze ich an dir, wenn wir mit Freunden zusammen sind:

Damit zeigst du der Welt, dass es dich gibt:

Darum glaube ich an dich:

Wenn ich an meine früheren Beziehungen denke und jetzt an dich und was wir haben, dann ist es mit dir:

- o   liebevoller
- o   ehrlicher
- o   lustiger
- o   sexier
- o   bedeutsamer
- o   authentischer
- o   stimmiger
- o   _____
- o   _____
- o   _____
- o   _____

Das ist einmalig an dir, als Lover, als Mensch, als »Phänomen«:

»Das Ich darf für das Wir
nicht geopfert werden.
Man muss dem Partner immer
ausreichend Raum lassen, um sich
unabhängig vom anderen
verwirklichen zu können.«
Lars Amend

Das fasziniert mich an deiner Lebenseinstellung:

Das könnte dein Lebensmotto sein (schreibe es groß in diesen Rahmen):

Darauf freue ich mich mit dir:

Das wäre eine coole Challenge für uns für die Zukunft:

Wenn wir zusammen alt werden dürfen, dann sind wir später wahrscheinlich:

Wenn ich irgendwann zurückblicke, dann möchte ich über meine Zeit mit dir sagen können:

Das hier möchte ich dir unbedingt noch sagen:

»One Love,
One Dream,
One Team!«
Lars

Das wünsche ich mir für dich:

Das wünsche ich mir für mich:

Das wünsche ich mir für uns:

Why it is Love – Warum es Liebe ist:

Wenn es überhaupt noch besser werden könnte, dann vielleicht, wenn:

Damit will ich dieses Geschenk an dich beenden:

»›Weißt du noch, was du mir damals über Osho erzählt hast?‹, fragte ich Anahita, die kurz überlegte, dann aber mit dem Kopf schüttelte. ›Du kannst dein ganzes Leben verpasst haben. Wenn du aber während deines letzten Atemzuges, deines letzten Moments auf der Erde Liebe sein kannst, dann hast du nichts verpasst – weil es keinen Unterschied zwischen einem einzigen Moment an Liebe und einer Ewigkeit an Liebe gibt. Wenn du also nur eine Sekunde deines Lebens bedingungslose Liebe bist, hast du alles richtig gemacht.‹ ›Ja, das habe ich dir erzählt‹, lächelte Anahita, und ich flüsterte sanft in ihr Ohr: ›Diese eine Sekunde ist genau jetzt.‹